ACTIVIDADES COMUNICATIVAS

(Entre bromas y veras...)

Pablo DOMÍNGUEZ
Plácido BAZO
Juana HERRERA

EDICIONES EUROLATINAS SA

edi 6
General Oráa, 32
28006 Madrid
Telef (91) 411 25 61
Telex 47088 EDSEE
Telefax (91) 261 92 70

© Pablo DOMÍNGUEZ
   Plácido BAZO
   Juana HERRERA

© EDELSA / EDI 6

ISBN: 84-7711-062-X
DEPOSITO LEGAL: M. 30.014-1991

DISEÑO CUBIERTA,
ILUSTRACIONES,
MAQUETACIÓN Y
FOTOCOMPOSICIÓN: TD GUACH

IMPRIME: GRAFICAS ROGAR

PRESENTACIÓN

Como es bien sabido, en la enseñanza del español a extranjeros, se advierte todavía una escasez considerable de material complementario para uso de profesores y alumnos. Esta insuficiencia se hace más aguda si tenemos en cuenta el desarrollo que en los últimos tiempos ha experimentado la didáctica de las lenguas modernas, así como el creciente interés de muchos extranjeros por aprender la lengua española dentro y fuera de nuestras fronteras.

Este libro ha sido concebido para aquellos profesores que deseen incorporar en su trabajo un tipo de actividad que estimule la comunicación y la interacción en la clase. Recogemos en él 60 actividades variadas que creemos pueden ser útiles en distintos contextos y niveles de enseñanza

La selección de actividades se ha hecho pensando en áreas comunicativas y no en funciones concretas: de este modo, los profesores podrán adaptar el contenido funcional o estructural del programa que vienen siguiendo en sus clases a las diferentes áreas que aquí se tratan, atendiendo de paso a las cuatro destrezas lingüísticas. Por razones obvias, el número de áreas comunicativas que cubrimos es limitado, y si bien algunas aparecen repetidas, tanto el contenido lingüístico como temático es distinto en cada caso.

A pesar de lo extremadamente difícil que resulta clasificar *a priori* tareas comunicativas, y por establecer siquiera unas pautas básicas en la presentación de nuestras actividades, las hemos agrupado en torno a 5 niveles distintos (elemental, elemental/medio, medio,

medio/superior, superior), teniendo en cuenta no sólo la mayor o menor complejidad lingüística que entraña la realización de cada tarea, sino también la mayor o menor complejidad del tema o de la propia actividad. Aun así, deberá ser el profesor quien, a la vista de la competencia de sus alumnos en el manejo del español, decida en último término, modificar o no el nivel indicado. Lo mismo cabe decir respecto a las actividades: se podrá aprovechar el modelo o la idea para otro nivel que no sea el que nosotros hemos previsto. En cualquier caso, por su condición de material de refuerzo, no debería utilizarse para presentar estructuras nuevas o vocabulario desconocido por el alumno. Ocasionalmente, sin embargo, damos una lista de palabras para facilitar la realización de la tarea en cuestión.

A título orientativo, hemos señalado la duración aproximada de cada actividad y el sistema de trabajo que nos parece más adecuado.

En la ficha del profesor indicamos el material necesario, así como los pasos que debe seguir si decide adoptar nuestros modelos de actividades. En algún caso, deberá reproducir, del modo que crea más conveniente, el material que seleccione para presentar dichas actividades a la clase.

Por último, huelga decir que el profesor deberá facilitar en todo momento el trabajo de los alumnos y corregir aquellos ejercicios que estime oportuno. A este respecto, es aconsejable disponer de paneles de corcho, pizarras de fieltro, etc., en los que se pueda mostrar las soluciones que vayan dando los alumnos.

LOS AUTORES.

ÍNDICE

* E= Elemental; E/M= Elemental/medio; M= Medio; M/S= Medio/Superior; S= Superior.

Interferencias telefónicas.

ÁREA COMUNICATIVA: Hablar por teléfono.
OBJETIVOS:
• Practicar la lengua que se utiliza en las conversaciones telefónicas, y distinguir entre un registro formal y otro informal.
• Solicitar algo por teléfono.
DESTREZAS: Lectura, escritura y práctica oral.
NIVEL: Elemental.
DURACIÓN: 30-40 minutos.
SISTEMA DE TRABAJO: Individual y en parejas.

PREPARACIÓN Y DESARROLLO DE LA ACTIVIDAD:

1. Para esta actividad el profesor necesitará crear distintas conversaciones telefónicas simuladas. También debe conseguir anuncios de las páginas amarillas de guías telefónicas.

2. En nuestro ejemplo, en el ejercicio 1 los alumnos deberán separar dos conversaciones mezcladas. Luego, en parejas, deberán discutir qué diálogo es más formal o menos y cuál es la relación entre los interlocutores.

3. En el segundo, han de completar una conversación en la que se ha producido un error al marcar. A continuación, con un anuncio real, se les pide que hagan la llamada correcta.

4. Como desarrollo de la actividad, se les puede pedir que, en parejas, escenifiquen la conversación.

5. El profesor dará la versión correcta, tras contrastar las respuestas de los alumnos.

La receta de cocina.

ÁREA COMUNICATIVA: Dar instrucciones.
OBJETIVOS:
• **Ordenar información a partir de un apoyo visual.**
• **Utilizar esa información para sugerir instrucciones.**
DESTREZAS: Lectura, escritura, práctica oral.
NIVEL: Elemental.
DURACIÓN: 50-60 minutos.
SISTEMA DE TRABAJO: En grupos de 4.

PREPARACIÓN Y DESARROLLO DE LA ACTIVIDAD:

1. Para esta actividad el profesor pedirá a los alumnos su opinión acerca de los platos precocinados, los alimentos frescos y congelados, el tipo de comida que prefieren, etc.

2. A continuación, les proporcionará la receta con sus correspondientes ilustraciones y los dividirá en grupos de 4, dando una letra - A, B, C, D - por alumno; cada una de las ilustraciones pertenece a una instrucción que explica cómo preparar ese plato. Los ingredientes aparecen al lado.

3. La primera tarea consiste en ordenar las instrucciones de 1 a 5 y, seguidamente, decidir qué ilustración corresponde a cada una.

4. Una vez que hayan terminado se les pedirá que propongan una manera de servir o acompañar el plato. Después formarán grupos con las mismas letras, es decir, cada 4 alumnos con la letra A, un grupo; con la letra B, otro, y así sucesivamente. Con esta nueva organización, cada uno enseñará a los demás el trabajo de su grupo original. Pueden decidir entre todos las mejores sugerencias.

5. Como actividad complementaria se les podría pedir que, partiendo de los ingredientes mencionados, o añadiendo otros, escriban su propia receta y la traigan a clase para un día posterior.

El dormitorio.

ÁREA COMUNICATIVA: Descripción de lugares.
OBJETIVO:
• Describir lugares combinando el intercambio oral con notas escritas sobre la información recibida.
DESTREZAS: Práctica oral y escritura.
NIVEL: Elemental.
DURACIÓN: 30-40 minutos.
SISTEMA DE TRABAJO: En parejas.

PREPARACIÓN Y DESARROLLO DE LA ACTIVIDAD:

1. Se necesitan pares de láminas de características similares según el número de alumnos en clase . Éstos se colocan en parejas y se les entrega una lámina a cada uno con las instrucciones a seguir.

2. Teniendo en cuenta que las láminas son parecidas pero no iguales, los alumnos decribirán de forma oral a su pareja la lámina que poseen, mientras su compañero tomará notas para comprobar posteriormente, mediante la observación de las láminas, si la información obtenida es la correcta.

3. En nuestro ejemplo se trata de un dormitorio, pero se les pide que incluyan un objeto extraño a ese contexto: por ejemplo, una bicicleta, o un rastrillo, para sorprender y producir una mejor comunicación.

Bazar de objetos originales.

ÁREA COMUNICATIVA: Identificación de objetos.
OBJETIVOS:
• Desarrollar la capacidad descriptiva oral.
• Seleccionar información para describir objetos.
DESTREZAS: Práctica oral, lectura, escritura.
NIVEL: Elemental.
DURACIÓN: 50-60 minutos.
SISTEMA DE TRABAJO: En parejas.

PREPARACIÓN Y DESARROLLO DE LA ACTIVIDAD:

1. El profesor pedirá a los alumnos que le entreguen las fichas números 4a y 4b. Si, por ejemplo, son 30 alumnos cogerá 15 de la ficha 4a y 15 de la 4b.

2. Luego, las cortará por la línea de puntos y pondrá, en 15 sobres de un color, una copia de cada foto y, en otros tantos de un color diferente, una de cada texto, con sus preguntas correspondientes.

3. Pedirá a los alumnos que, en parejas, cojan un sobre de cada color y explicará que unos contienen fotos y otros textos. El que tenga fotos deberá descri-birlas oralmente al compañero, sin mostrarlas, procurándole todos los datos posibles. Éste, a su vez, tendrá que identificar el texto correspondiente a cada una.

4. Cuando hayan terminado, deberán leer los textos y responder a las preguntas.

5. Como actividad complementaria, el profesor podría seleccionar varias fotos de un mismo objeto -por ejemplo, 5 ó 6 relojes distintos- y pegarlas en la pizarra para que los alumnos, a partir de las definiciones de éste, las identifiquen.

Escritores famosos.

ÁREA COMUNICATIVA: Hablar y escribir sobre acciones pasadas.
OBJETIVOS:
• **Leer textos y transferir los datos a fichas.**
• **Practicar el pasado con textos que impliquen un cierto conocimiento literario.**
DESTREZAS: Lectura, escritura y práctica oral.
NIVEL: Elemental.
DURACIÓN: 30-40 minutos.
SISTEMA DE TRABAJO: Individual y en parejas.

PREPARACIÓN Y DESARROLLO DE LA ACTIVIDAD:

1. Se necesitan varios textos breves sobre escritores españoles conocidos. La extensión y complejidad de los mismos dependerán del nivel de cultura de los alumnos y de los datos que se les vayan a pedir en la ficha.

2. El profesor introduce la actividad hablando de la literatura española y de los escritores de los que se va a tratar.

3. Los alumnos deberán leer el texto que se les propone en el Ejercicio 1, para después completar la ficha.

4. Siguen trabajando individualmente en el ejercicio 2, transfiriendo la información de la ficha a un texto, según el modelo propuesto con anterioridad.

5. En el ejercicio 3 presentan la información sobre un personaje famoso de su preferencia, sin que el compañero la vea. Esto hará que se comuniquen oralmente en los Ejercicios 4 y 5.

6. En el ejercicio 6 se vuelve a practicar la escritura con una redacción, que puede tener una forma más libre.

Cartas personales.

ÁREA COMUNICATIVA: Dar y pedir información personal.
OBJETIVO:
• **Capacitar a los alumnos para dar y pedir información por escrito.**
DESTREZAS: Lectura, escritura, práctica oral.
NIVEL: Elemental.
DURACIÓN: 50-60 minutos.
SISTEMA DE TRABAJO: En grupos de 4.

PREPARACIÓN Y DESARROLLO DE LA ACTIVIDAD:

1. El profesor presentará la lista de direcciones de nuestro ejemplo a los alumnos. A continuación, explicará que todas las señas son auténticas y pertenecen a gente que busca amigos por correspondencia para intercambiar amistad y objetos coleccionables.

2. Luego les pedirá que, en grupos de 4, seleccionen una y escriban una carta de presentación, en respuesta al anuncio. El profesor podrá ir pasando por los grupos para ayudarlos a resolver las dificultades lingüísticas que encuentren.

3. Cuando hayan terminado, leerán las cartas a los compañeros para elegir las mejores o, simplemente, las pondrán a disposición del resto de la clase para que las puedan ver los que así lo deseen.

4. Como complemento se podría dividir a la clase en 4 ó 6 grupos y que cada uno de éstos envíe una carta de presentación a otro.

La visita de un médico.

ÁREA COMUNICATIVA: Expresar estados de ánimo.
OBJETIVOS:
• Utilizar dibujos para comentar estados de ánimo.
• Hablar sobre el estado de ánimo de otros.
DESTREZAS: Práctica oral y escritura.
NIVEL: Elemental.
DURACIÓN: 30-40 minutos.
SISTEMA DE TRABAJO: Individual y en parejas.

PREPARACIÓN Y DESARROLLO DE LA ACTIVIDAD :

1. Para esta actividad se necesitan dibujos o comics que muestren estados de ánimo de diferentes personajes.

2. El profesor introducirá la actividad comentando que en numerosas historietas basta con ver la cara del personaje para conocer su estado de ánimo.

3. En nuestro ejemplo, los alumnos habrán de ordenarlos y discutir con sus compañeros el estado de ánimo de los personajes, así como el orden elegido y sus razones para ello.

4. A continuación tendrán que escribir los bocadillos que ellos creen deben acompañar a cada dibujo.

5. Como desarrollo de la actividad se puede invitar a los alumnos a que traigan comics de su entorno cultural para describir los estados de ánimo y ver las diferencias con los gestos y expresiones de los dibujos españoles.

"Caliente o frío".

ÁREA COMUNICATIVA: Definición de objetos.
OBJETIVO:
• **Desarrollar la competencia estratégica: identificar objetos a partir de definiciones.**
DESTREZAS: Lectura, práctica oral, escritura.
NIVEL: Elemental.
DURACIÓN: 55-60 minutos.
SISTEMA DE TRABAJO: En grupos de 5.

PREPARACIÓN Y DESARROLLO DE LA ACTIVIDAD:

1. El profesor dirá a los alumnos que van a jugar a "caliente o frío" y explicará que estas palabras se utilizan para indicar si una respuesta es correcta o no. A continuación se dividirán en grupos de 5, asignándose cada grupo un nombre distinto.

2. La primera parte del ejercicio consistirá en establecer las correspondencias entre los objetos y las definiciones de nuestro ejemplo, ya que han sido cambiadas.

3. Cuando todos hayan terminado, el profesor escribirá los nombres de los grupos en la pizarra y sorteará el turno de participación con una pregunta (ejemplo: "¿Quién descubrió...?"). Empezará el grupo que dé la respuesta correcta. Si la definición para el primer objeto es correcta, se anotará 5 puntos y se pasará al grupo siguiente. Si no lo es, se pasará a otro que, además, tendrá 5 puntos extra.

4. Cada grupo podrá anotarse sólo 5 ó 10 puntos por respuesta, es decir, si es correcta tendrá 5, pero el objetivo siguiente será para otro. Si la definición viene rebotada, además de esos 5, tiene opción a 5 más, con lo que podrá hacer un total de 10.
Ganará el que antes llegue a los 20 puntos.

5. Como complemento, se pedirá a los grupos que elijan un objeto y escriban un texto explicando sus características.

Buscando piso.

ÁREA COMUNICATIVA: Seleccionar una información específica.
OBJETIVOS:
• Seleccionar información en el contexto de anuncios breves.
• Redactar un anuncio, discriminando entre datos relevantes e irrelevantes.
NIVEL: Elemental.
DURACIÓN: 40-50 minutos.
SISTEMA DE TRABAJO: Individual.

PREPARACIÓN Y DESARROLLO DE LA ACTIVIDAD :

1. Se necesitan anuncios breves sobre un tema específico.

2. En nuestro ejemplo, se trata de anuncios sobre venta y alquiler de viviendas.

3. El profesor introducirá la actividad refiriéndose a las características de los anuncios breves: lo conciso de su lenguaje y la importancia de la información que transmiten.

4. En el ejercicio 1, los alumnos tienen que leer e interpretar los anuncios que se ofrecen.

5. A continuación deben seleccionar aquéllos que interesan a los personajes citados, teniendo en cuenta las necesidades de cada uno de ellos.

6. Finalmente, se les da un plano para que seleccionen los datos relevantes y redacten un anuncio que pueda ser publicado en un diario o revista españoles.

Menú para una fiesta.

ÁREA COMUNICATIVA: Cursar invitaciones.
OBJETIVO:
• Cursar una invitación por escrito.
DESTREZAS: Práctica oral, escritura, lectura.
NIVEL: Elemental.
DURACIÓN: 45-55 minutos.
SISTEMA DE TRABAJO: En parejas.

PREPARACIÓN Y DESARROLLO DE LA ACTIVIDAD:

1. El profesor presentará la lista de comidas de nuestro ejemplo y explicará a los alumnos que van a invitar a unos amigos a cenar en su casa.

2. Para ello, deberán confeccionar, en parejas, un menú que incluya entremeses, primer plato, postre y bebidas.

3. A continuación redactarán una carta explicando el motivo de la cena, el menú, día y hora y si se requiere que los invitados lleven algo. El profesor deberá ayudarlos si tienen problemas de tipo lingüístico.

4. Cuando todos hayan terminado, expondrán las cartas para que los compañeros puedan verlas.

5. Como actividad complementaria, se les podría pedir que eligieran una de las cartas y respondieran, por escrito, a la invitación.

De excursión en Tenerife.

ÁREA COMUNICATIVA: Dar instrucciones.
OBJETIVOS:
• **Comprender instrucciones sobre un mapa.**
• **Escribir instrucciones, teniendo un mapa como referencia.**
DESTREZAS: Lectura y escritura.
NIVEL: Elemental.
DURACIÓN: 30-40 minutos.
SISTEMA DE TRABAJO: Individual.

PREPARACIÓN Y DESARROLLO DE LA ACTIVIDAD :

1. Para esta actividad se necesitan mapas de regiones de España y una descripción de una ruta turística. (Éstos se pueden obtener fácilmente en las Oficinas de Turismo españolas).

2. El profesor introduce la actividad hablando de la región en cuestión y de las posibilidades turísticas de la misma. Explica que se van a centrar en el paisaje y los lugares por los que se va a pasar.

3. En nuestro ejemplo, se trata de una visita a Tenerife. En el primer ejercicio los alumnos habrán de leer un texto en el que se describe una ruta turística, para luego marcarla en el mapa, siguiendo el contenido del texto.

4. A continuación, se les da una ruta marcada y han de elaborar un texto, utilizando el del ejercicio 1 como modelo.

5. Como desarrollo de la actividad se puede establecer un diálogo con toda la clase sobre Tenerife y los lugares que visitarían, si tuvieran ocasión de ir.

El mejor precio.

ÁREA COMUNICATIVA: Solicitar cosas.
OBJETIVO:
• Solicitar algo por escrito.
DESTREZAS: Práctica oral, escritura, lectura.
NIVEL: Elemental.
DURACIÓN: 50-55 minutos.
SISTEMA DE TRABAJO: En grupos de 4.

PREPARACIÓN Y DESARROLLO DE LA ACTIVIDAD:

1. El profesor fijará la atención de los alumnos en la lista de productos de nuestro ejemplo y les explicará que es frecuente encontrar, en algunas revistas, una sección con ofertas para los lectores. Luego dará y pedirá ejemplos de publicaciones de este tipo.

2. A continuación, repasará la lista y les pedirá que, en grupos de 4, escriban una carta solicitando uno de ellos. Las cartas deben remitirse a la dirección indicada, especificando el nombre y precio del producto, así como las señas completas de los remitentes, que podrán ser inventadas.

3. Cuando hayan terminado, las leerán al resto de la clase. El profesor podrá sugerir formas alternativas para pedir o solicitar cosas.

4. Como complemento, se les puede sugerir que escriban un anuncio breve haciendo hincapié en la oportunidad de comprar el mismo producto ahora a un precio inferior.

En busca del tesoro pirata.

ÁREA COMUNICATIVA: Hablar de acciones pasadas.
OBJETIVOS:
• Practicar el pasado a través de un texto.
• Pasar instrucciones de presente a pasado.
DESTREZAS: Lectura y escritura.
NIVEL: Elemental.
DURACIÓN: 30-40 minutos.
SISTEMA DE TRABAJO: Individual.

PREPARACIÓN Y DESARROLLO DE LA ACTIVIDAD :

1. Para esta actividad se requieren un mapa y un texto. Este último hace referencia a algo que se encuentra en el mapa, pero de forma incorrecta. Así los alumnos tendrán que descubrir mediante la lectura y el mapa los errores que contiene.

2. En el primer ejercicio han de completar el diario del narra-dor. Se trata de una fase práctica en la que, valiéndose de las instrucciones del texto inicial, podrán completar las frases con sólo cambiar el tiempo verbal.

3. El segundo es de producción libre, y contiene tres posibilidades en cada hueco, con dificultades de distinto tipo que permiten juzgar si el alumno sabe utilizar el pasado.

Cuestión de gustos.

ÁREA COMUNICATIVA: Expresar preferencias.
OBJETIVO :
• Recabar información para confeccionar una gráfica.
DESTREZAS: Práctica oral, escritura, lectura.
NIVEL: Elemental.
DURACIÓN: 50-60 minutos.
SISTEMA DE TRABAJO: En grupos de 3.

PREPARACIÓN Y DESARROLLO DE LA ACTIVIDAD:

1. El profesor presentará la gráfica de nuestro ejemplo y explicará a los alumnos que, en grupos de 3, deberán elaborar varios tipos de preguntas para averiguar las preferencias de sus compañeros sobre los productos que en ella aparecen: frutos secos, manzanas, kiwis, cebollas.

2. Cuando las preguntas estén preparadas, cada miembro del grupo elegirá un sector de la clase y comenzará a recoger las opiniones de sus compañeros. Las respuestas afirmativas se registrarán con este signo (V) y las negativas con este otro (X). Así, si un alumno prefiere el kiwi a las cebollas, se pondrá *V* en la casilla *sí* y *X* en la que figura *no*.

3. Seguidamente, volverán a reunirse con su grupo y compararán los resultados para confeccionar, con éstos, la gráfica correspondiente a cada producto. Los indicadores comprenden de +5 a +20 y se refieren a la cantidad de personas cuyas preferencias coinciden.

4. Luego redactarán un informe explicando los resultados de la gráfica y pegarán ambas cosas en las paredes de la clase para que los otros grupos las puedan ver.

5. Como complemento, se les podría pedir que buscaran información adicional sobre esos productos y redactaran unos párrafos breves explicando las propiedades de cada uno.

¿Quién tuvo la culpa?

ÁREA COMUNICATIVA: Descripción de acciones pasadas.
OBJETIVO:
•Leer descripciones en pasado y transferir la información .
DESTREZAS: Lectura y escritura.
NIVEL: Elemental.
DURACIÓN: 30-40 minutos.
SISTEMA DE TRABAJO: Individual.

PREPARACIÓN Y DESARROLLO DE LA ACTIVIDAD :

1. Se necesitan textos y mapas que reflejen la situación de la que se habla en el texto.

2. En nuestro ejemplo, los alumnos, tras la lectura de un pequeño texto, habrán de deducir quién conduce cada coche.

3. A continuación tendrán que leer unos párrafos y responder a una serie de preguntas referidas al accidente que se narra.

4. Luego tendrán que decidir si son verdaderas o falsas las afirmaciones que se hacen.

5. Finalmente, habrán de completar un texto donde se puede comprobar quién es el responsable del accidente.

6. Como actividad complementaria, el profesor podría pedir a los alumnos que dibujaran un plano de su barrio con señales de tráfico y describieran un posible accidente.

Pasatiempos.

ÁREA COMUNICATIVA: Descripción de acciones (habituales).
OBJETIVOS:
• Utilizar correctamente el tiempo de presente en el contexto de las rutinas diarias.
• Utilizar pasatiempos como material de aprendizaje.
DESTREZAS: Lectura, escritura y práctica oral.
NIVEL: Elemental.
DURACIÓN: 20-25 minutos.
SISTEMA DE TRABAJO: Individual y en parejas.

PREPARACIÓN Y DESARROLLO DE LA ACTIVIDAD :

1. Se necesitan pasatiempos de revistas, que se han de adaptar al nivel y al área comunicativa que nos interese practicar.

2. El profesor introducirá la actividad haciendo referencia a la utilidad de los pasatiempos en los momentos de ocio.

3. En nuestro ejemplo se trata de una sopa de letras y un acertijo que han de resolver.

4. En la sopa de letras están los verbos que necesitan para completar el texto mutilado.

5. Después de rellenarlo individualmente, los alumnos tendrán que comentar con un compañero su posible solución.

6. Como actividad complementaria, se puede pedir a los alumnos que, en parejas, elaboren un pasatiempo similar y lo intercambien con otras parejas.

7. Solución del acertijo: Pedro es muy bajo y no llega con la mano al botón del ascensor correspondiente a su piso.

El horario de vuelos.

ÁREA COMUNICATIVA: Expresar condiciones.
OBJETIVO:
• Practicar condicionales en un contexto de horarios de vuelos.
DESTREZAS: Lectura y escritura.
NIVEL: Elemental.
DURACIÓN: 20-30 minutos.
SISTEMA DE TRABAJO: Individual.

PREPARACIÓN Y DESARROLLO DE LA ACTIVIDAD :

1. Para esta actividad se necesitan horarios de vuelos, trenes, autobuses, etc.

2. En nuestro ejemplo, se trata de un horario de vuelos desde Valencia a París, Roma y Moscú.

3. Se proponen problemas de horario de llegada y los alumnos tienen que completar unos textos mutilados, fijándose en el horario que se les suministra.

4. Los textos están planteados en forma de condiciones favorables y desfavorables para los personajes.

5. Como actividad complementaria, se les puede pedir a los alumnos que traigan horarios locales y escriban textos similares sobre los viajes y horarios que ellos deben cumplir normalmente.

En la galería de arte.

ÁREA COMUNICATIVA: Descripción de situaciones y acciones.
OBJETIVOS:
• **Utilizar pasatiempos para describir situaciones y acciones .**
• **Explicar las diferencias que pueden darse entre dos dibujos aparentemente iguales.**
DESTREZAS: Escritura y práctica oral.
NIVEL: Elemental.
DURACIÓN: 20-30 minutos.
SISTEMA DE TRABAJO: Individual y en parejas.

PREPARACIÓN Y DESARROLLO DE LA ACTIVIDAD:

1. Se necesitan pasatiempos con dibujos en los que se repite la misma escena, con alguna ligera modificación. En nuestro ejemplo, se trata de una galería de arte donde varias personas contemplan unos cuadros.

2. El profesor presentará la actividad mostrando los dibujos y pidiendo a los alumnos que indiquen por escrito las diferencias que encuentren, para lo que les serán útiles expresiones con "haber", "faltar", "llevar", etc.

3. Luego, los alumnos tendrán que inventar las razones por las que, en el dibujo B, uno de los personajes no está mirando el cuadro.

4. En parejas, los alumnos compararán sus respectivas versiones para decidirse por una única que, como actividad complementaria, 5, podrán exponer a los demás compañeros a fin de elegir la que resulte más plausible.

Esta será tu casa.

ÁREA COMUNICATIVA: Descripción de lugares.
OBJETIVOS:
• **Identificar las partes de la casa y su mobiliario.**
• **Describir las características y condiciones del lugar de residencia.**
DESTREZAS: Práctica oral, escritura, lectura.
NIVEL: Elemental/Medio.
DURACIÓN: 50-60 minutos.
SISTEMA DE TRABAJO: En parejas.

PREPARACIÓN Y DESARROLLO DE LA ACTIVIDAD:

1. Para introducir esta actividad, se les puede preguntar por los planes para el verano y la posibilidad de realizar un programa de intercambio con una familia canaria, durante un mes, para aprender el idioma. En este programa de intercambio, un estudiante canario pasaría uno de los meses de verano en casa de un estudiante extranjero y viceversa.

2. El profesor pedirá a los alumnos que imaginen que han decidido realizar uno de estos programas de intercambio, para lo cual necesitarán conocer detalles acerca de la casa, la familia, colegios, medios de transporte, etc.

3. En parejas, la primera tarea que deberán realizar consistirá en completar los nombres que faltan en los dibujos. A continuación, deberán escribirle una carta al estudiante extranjero, interesándose por cuestiones tales como la ubicación de la casa, el tipo de habitación, los horarios de las comidas, la distancia que hay al centro de estudio, las costumbres de la familia, etc.

4. Cuando hayan terminado de escribir las cartas, podrán leerlas al resto de la clase, si se estima conveniente.

5. Como actividad complementaria, se les podría pedir que cada pareja cogiera la carta de otra e hiciera las correcciones que considerara oportunas.

Una cuestión de equilibrio.

ÁREA COMUNICATIVA:
Explicar las razones por las que se llega a una conclusión.
OBJETIVO:
• Usar condicionales.
DESTREZAS: Lectura, práctica oral, escritura.
NIVEL: Elemental/Medio.
DURACIÓN: 30-45 minutos.
SISTEMA DE TRABAJO: En parejas.

PREPARACIÓN Y DESARROLLO DE LA ACTIVIDAD:

1. Para introducir esta actividad, el profesor planteará situaciones que los alumnos deberán resolver imaginando las respuestas. Ej: a)*Si te dieran a elegir entre unas vacaciones y el importe de éstas en efectivo ¿qué elegirías?,¿en qué circunstancias? b)Si te pidieran que cuidaras a unos gemelos una noche, ¿lo harías?, ¿con qué condiciones?*

2. A continuación, el profesor presentará el dibujo de nuestro ejemplo y planteará el problema de lógica propuesto, que los alumnos deberán resolver. Para esto, leerán el texto en parejas y, ayudándose de la tabla que se incluye, tratarán de explicar por qué son válidas o no las opciones dadas.

3. Cuando todos los grupos hayan terminado, el profesor pedirá a cada uno de ellos que explique la solución a que haya llegado.

Solución: " Puesto que los pesos son los mismos, si el mono sube, el disco subirá también, ya que al tirar de la cuerda la polea se eleva al mismo tiempo que el mono, permaneciendo a la misma altura."

4. Como actividad complementaria, se podría organizar un concurso en el que, por grupos, seleccionaran un problema, de una revista o periódico, que tendría que ser resuelto por los otros grupos.

Un problema de tráfico.

ÁREA COMUNICATIVA: Dar direcciones.
OBJETIVOS:
• **Interpretar sobre un plano direcciones dadas por escrito.**
• **Interpretar direcciones que se dan de forma oral.**
DESTREZAS: Lectura, escritura y práctica oral.
NIVEL: Elemental/ Medio.
DURACIÓN : 40-50 minutos.
SISTEMA DE TRABAJO: Individual y en parejas.

PREPARACIÓN Y DESARROLLO DE LA ACTIVIDAD:

1. Para esta actividad se necesita un texto en el que se hable de direcciones, así como planos de poblaciones en los que se puedan indicar rutas.

2. En nuestro ejemplo, se trata de un diálogo en el que, indirectamente, un problema de tráfico obliga a los alumnos a entresacar la información relacionada con el área comunicativa en cuestión. El profesor explicará, si es preciso, el significado de algunas palabras o expresiones.

3. Después de leer el diálogo, deberán dibujar en un mapa la ruta seguida por Hugo (así demostrarán si han entendido o no la explicación).

4. A continuación, escribirán individualmente unas líneas indicando la ruta que siguen de su casa al centro de estudio o lugar de trabajo y dibujarán un plano donde se pueda comprobar dicha ruta.

5. Entregarán el plano a un compañero a quien leerán lo que han escrito para que señale la ruta descrita. Luego, el compañero hará lo mismo con su escrito y plano.

6. Como tarea final, intercambiarán planos y textos y se corregirán mutuamente.

Mensaje en clave.

ÁREA COMUNICATIVA: Dar instrucciones.
OBJETIVOS:
• **Probar la capacidad de empatía con un texto a través de una lectura con códigos.**
• **Relacionar contenidos gramaticales y cognoscitivos a través de la lectura.**
DESTREZAS: Lectura y escritura.
NIVEL: Elemental/Medio.
DURACIÓN: 50-60 minutos.
SISTEMA DE TRABAJO: Individual y en parejas.

PREPARACIÓN Y DESARROLLO DE LA ACTIVIDAD:

1. Para esta actividad se requiere un texto elegido según los centros de interés de los alumnos.

2. Se crea un código sencillo y se elabora un texto "en clave". Las preguntas de comprensión que se elaboren deben partir de la solución por parte del alumno del código en cuestión. El desarrollo posterior se puede realizar con textos mutilados, centrados en las estructuras gramaticales que sustentan la función.

3. Todo el ejercicio está concatenado y al final se tienen que hacer preguntas de comprensión que obliguen al lector a repasar los textos.

4. En cuanto al ejemplo que proponemos, el ejercicio comienza con un texto de introducción (de nivel umbral básico) y un ejercicio basado en el principio de transferencia de información (ejercicio A). A continuación viene una segunda parte donde se presenta el problema principal. El ejercicio B implica la solución del código, en un texto (ejercicio C) que les va a servir de ayuda para comprender tanto el texto anterior como los ejercicios posteriores. La pregunta D es un texto mutilado donde se hace hincapié en el futuro y para cuya solución el alumno se debe ayudar de los textos anteriores. Por último, los ejercicios E y F son preguntas de comprensión de todo el texto en su conjunto.

El hotel.

ÁREA COMUNICATIVA: Solicitar información específica.
OBJETIVOS:
• Entrenar a los alumnos en la toma de decisiones en grupo.
• Recabar información para comprobar la conveniencia de dicha decisión.
DESTREZAS: Práctica oral, lectura y escritura.
NIVEL: Elemental/Medio.
DURACIÓN: 50-60 minutos.
SISTEMA DE TRABAJO: En grupos de 3.

PREPARACIÓN Y DESARROLLO DE LA ACTIVIDAD:

1. El profesor introducirá la actividad preguntando a los alumnos por el tipo de vacaciones que prefieren tener durante el verano -de descanso, de diversión-, así como los servicios, instalaciones, ubicación etc., que esperarían encontrar en cada caso.

2. A continuación, les explicará que las dos descripciones para este ejercicio pertenecen a unos folletos turísticos que promocionan hoteles y apartamentos para vacaciones. Su primera tarea consistirá en decir, de acuerdo con el tipo de vacaciones por el que hayan optado, cuál de ellos elegirían para pasar dos semanas.

3. Una vez tomada la decisión, deberán escribir una carta a la dirección del hotel, preguntando por los siguientes aspectos y cualquier otro que consideren de interés: precios y condiciones, horarios y tipos de comida, disponibilidad de lavandería, servicios...

4. Por último, cada grupo preparará un folleto anunciando las características que, a su juicio, debe reunir su hotel ideal.

5. Como actividad complementaria, cada grupo podrá leer su folleto al resto de la clase.

Tomando el sol.

ÁREA COMUNICATIVA: Expresar ventajas e inconvenientes.
OBJETIVO:
• Reconocer ventajas e inconvenientes expresados por escrito.
DESTREZAS: Lectura y escritura.
NIVEL: Elemental/Medio.
DURACIÓN: 30-40 minutos.
SISTEMA DE TRABAJO: Individual.

PREPARACIÓN Y DESARROLLO DE LA ACTIVIDAD:

1. Se necesitan textos que recojan ventajas e inconvenientes: artículos de periódicos o revistas científicas. También son útiles prospectos de medicinas y folletos informativos.

2. El profesor introducirá la actividad refiriéndose a la conveniencia de estar bien informados cuando se opina acerca de un determinado tema.

3. En nuestro ejemplo, se trata de un texto aparecido en una revista que habla de la acción que ejerce el sol sobre las personas, desde un punto de vista positivo y negativo.

4. En el ejercicio 1, los alumnos habrán de seleccionar ventajas y desventajas y colocarlas en la columna correspondiente.

5. El alumno podría dar su opinión, visto lo anterior, sobre las ventajas e inconvenientes de quien vaya a tomar el sol teniendo en cuenta su edad o condición física.

Donar animales domésticos.

ÁREA COMUNICATIVA: Preguntar si se acepta una oferta.
OBJETIVOS:
• **Entrenar al alumno en la toma de decisiones en grupo.**
• **Ofrecer el resultado de esas decisiones a otros.**
DESTREZAS: Práctica oral, lectura, escritura.
NIVEL: Elemental/Medio.
DURACIÓN: 50-60 minutos.
SISTEMA DE TRABAJO: En grupos de 4.

PREPARACIÓN Y DESARROLLO DE LA ACTIVIDAD:

1. El profesor introducirá la actividad explicando que, entre los amantes de los animales, es una práctica frecuente donarlos a sociedades protectoras o a particulares. Para conocer la opinión de los alumnos, les preguntará si aceptarían en legado un animal de compañía de otra persona .

2. A continuación, les dirá que, en este caso, una anciana, miembro de una de esas sociedades, ha legado sus animales a unas personas, sin especificar cuál a quién. Su primera tarea será, por lo tanto, decidir quién sería el destinatario de cada animal y por qué.

3. Cuando cada grupo haya decidido sobre el reparto de los animales, deberán elegir a uno de los herederos y escribirle una carta explicativa de la situación. Lo más importante será averiguar si esta persona acepta o no el animal y, en el segundo caso, si aceptaría, a su vez, legarlo a otra persona o entidad.

4. Una vez que todas las cartas estén terminadas, las leerán, discutiendo así las opiniones de cada grupo.

5. Como actividad complementaria, se les podría pedir que cada grupo entregara su carta a otro, que deberá responder, por escrito, positiva o negativamente a la oferta del legado.

La guía de espectáculos.

ÁREA COMUNICATIVA: Recabar y dar información.
OBJETIVOS:
• Buscar información en guías de espectáculos.
• Utilizar la información de una guía de espectáculos para fines personales.
DESTREZAS: Lectura y escritura.
NIVEL: Medio
DURACIÓN: 50-60 minutos.
SISTEMA DE TRABAJO: Individual.

PREPARACIÓN Y DESARROLLO DE LA ACTIVIDAD:

1. Se necesita información de guías de espectáculos de periódicos o revistas españoles.

2. El profesor introduce la actividad situando a los alumnos en una ciudad española. Han obtenido una guía de espectáculos y les pregunta sobre aquéllos a los que les gustaría asistir.

3. A continuación presenta el material y lo lee, explicando los tipos de espectáculos y el vocabulario específico.

4. Los alumnos leen el texto de la ficha y luego contestan a unas preguntas. Para ello habrán de buscar la información en los anuncios.

5. Aparte de estos mismos anuncios, han de elaborar un diálogo solicitando información con respecto a un concierto.

6. Finalmente, tendrán que escribir una nota a un amigo para convencerlo de que le acompañe a un espectáculo determinado.

Tu horóscopo.

ÁREA COMUNICATIVA: Descripción de personas.
OBJETIVO:
• **Potenciar la práctica escrita a través de una lectura con claves.**
DESTREZAS: Práctica oral, lectura, escritura.
NIVEL: Medio.
DURACIÓN: 55-60 minutos.
SISTEMA DE TRABAJO: En grupos de 4.

PREPARACIÓN Y DESARROLLO DE LA ACTIVIDAD:

1. Para esta actividad, el profesor seleccionará, de una revista o periódico, la página donde aparece el horóscopo de la semana. Todos los signos deberán ir acompañados de claves de lectura. A continuación, elegirá 6 ó 7 para trabajar con ellos.

2. En la clase, preguntará a los alumnos qué opinan del horóscopo como medio para conocer su futuro. Luego, les explicará que en algunas publicaciones, junto al signo considerado "el mejor de la semana", aparece un perfil personal para los nacidos bajo ese signo, en nuestro ejemplo: Acuario.

3. Seguidamente, les pedirá que elijan un signo y, en grupos de 4, que redacten un perfil similar al modelo dado. Para ello, deberán leer primero el texto que lo acompaña e interpretarlo de acuerdo con las claves establecidas.

4. Cuando todos hayan terminado, el profesor preguntará los signos a los que pertenece cada alumno y los escribirá en la pizarra. Para cada signo que coincida con el del perfil realizado por los distintos grupos, deberán decir si están de acuerdo o no con esa valoración y por qué.

5. Como complemento, se podría pedir a cada grupo que escribiera una carta breve a un amigo, cuyo signo deberá corresponder con el descrito en el perfil, explicándole la conveniencia o no de hacer planes para esa semana, según las previsiones para la misma.

El coche de alquiler.

ÁREA COMUNICATIVA:
Hacer preguntas sobre un tema específico.
OBJETIVOS:
• Escuchar textos grabados o leídos y tomar notas sobre condiciones generales de alquiler de vehículos.
• Hacer preguntas sobre las condiciones generales que establece una determinada compañía para el alquiler de vehículos.
DESTREZAS: Práctica oral, escritura.
DURACIÓN: 55-60 minutos.
NIVEL: Medio.
SISTEMA DE TRABAJO: Individual, en parejas y grupos de 4.

PREPARACIÓN Y DESARROLLO DE LA ACTIVIDAD:

1. Se necesitan folletos de compañías de alquiler de coches que pueden obtenerse en cualquier hotel o agencia de viajes.

2. El profesor introducirá la actividad recordando a los alumnos que para alquilar un coche sin chófer es preciso firmar un contrato, en el que figura un número de cláusulas que varían de una compañía a otra y que tienen que ver con el seguro, la fianza, la franquicia, forma de pago, impuestos, etc.; términos cuyo significado aclarará si fuera necesario.

3. A continuación, leerá a la clase un texto como el de nuestro ejemplo, debiendo los alumnos tomar notas que les servirán para realizar la tarea que luego se les pedirá:

CONDICIONES GENERALES.

SEGUROS: En el precio de las tarifas, están incluidos el seguro obligatorio, responsabilidad civil ilimitada, robo del vehículo e incendio. Los daños propios del vehículo podrán ser cubiertos, pagando el cliente opcionalmente la cantidad de 675 Ptas. (Grupo A), 875 Ptas. (Grupo BCDE) y 1.075 Ptas. (Grupo FG). El seguro de ocupantes podrá ser cubierto, pagando el cliente la cantidad de 375 Ptas. (Grupo ABCDE) y 775 Ptas. (Grupo FG).

Impuesto Tráfico Empresas: 4% sobre el total de los cargos.

Combustible y multas de tráfico: a cargo del cliente.

El vehículo alquilado ha de entregarse en el mismo aeropuerto o estación donde ha sido alquilado, de lo contrario tiene un cargo extra de 1.500 Ptas. Si el alquiler es por más de 2 días, este cargo queda exento.

El conductor ha de tener la edad mínima de 23 años y dos años de antigüedad del carnet de conducir.

No se puede trasladar el vehículo alquilado de un país a otro sin pleno consentimiento de XYZ rent a car S.A.

Fianza: 5.000 Ptas.

Kilometraje ilimitado.

Tarjetas de Crédito: AMEX, VISA, DINERS, EUROCARD, ACCESS, MASTERCARD. Esta tarifa anula las anteriores y está sujeta a cambio sin previo aviso.

4. Basándose en esta información, los alumnos elegirán un modelo de los que aparecen en su ficha y, en parejas, deberán escribir las preguntas que harían por teléfono a otra compañía si decidieran alquilar uno de sus coches.

5. Luego, contrastarán sus preguntas con las de otra pareja y harán una lista única.

6. Cada nuevo grupo de 4 deberá ahora leer sus preguntas al resto de la clase y, sólo en el caso de que algunas coincidan, decidirán entre todos (dando razones) cuál es la mejor.

7. Como tarea complementaria, los alumnos podrían redactar un texto con las condiciones generales de un contrato de alquiler de vehículos para compararlas después con las de otras parejas y ver cuáles son más ventajosas o atractivas.

Galería de famosos.

ÁREA COMUNICATIVA: Dar información sobre otras personas.
OBJETIVO:
• **Dar información sobre personajes que, por su fama, motivan el interés de los alumnos.**
DESTREZAS: Práctica oral, escritura, lectura.
NIVEL: Medio.
DURACIÓN: 50-60 minutos.
SISTEMA DE TRABAJO: Individual y en grupos de 4.

PREPARACIÓN Y DESARROLLO DE LA ACTIVIDAD:

1. El profesor seleccionará varias entrevistas a personajes famosos -actores, cantantes o deportistas preferentemente-, con sus fotos correspondientes. Si el total de alumnos es de 20, necesitará 5 diferentes. En el ejemplo propuesto hemos elegido tres; y las ilustraciones van separadas de sus textos.

2. Se dirá a los alumnos que todos los personajes han sido entrevistados recientemente. Para asegurarse de que los conocen, el profesor preguntará qué saben de ellos, así como el campo o actividad en que destacan.

3. A continuación, les pedirá que escriban unas palabras sobre esos personajes, bien para describirlos o para dar una idea sobre el motivo de la entrevista.

4. Seguidamente, formarán grupos de 4 y elegirán un personaje. A partir de las ilustraciones, deberán escribir una entrevista imaginaria en la que ese personaje responda a cuantas preguntas se le formulen.

5. Cuando los grupos hayan terminado, leerán las entrevistas a los compañeros y las expondrán en las paredes.

6. Como actividad complementaria, cada grupo leerá la entrevista original. Después de leerlas, deberán explicar a los demás el contenido de las mismas, señalando los puntos en que coincidan con las suyas.

Un buen padre.

ÁREA COMUNICATIVA: Expresar puntos de vista.
OBJETIVO:
• **Utilizar un texto para estimular la discusión sobre un determinado orden de prioridad.**
DESTREZAS: Lectura, práctica oral.
NIVEL: Medio.
DURACIÓN: 40-50 minutos.
SISTEMA DE TRABAJO: Individual y en grupos.

PREPARACIÓN Y DESARROLLO DE LA ACTIVIDAD:

1. El profesor introducirá la actividad hablando de los defectos y virtudes de las personas en general y preguntará a los alumnos qué rasgos creen que deben caracterizar a un buen padre de familia.

2. Luego, por orden de preferencia, los alumnos deberán ordenar individualmente la lista de cualidades del ejercicio 1.

3. En grupos de 4, los alumnos explicarán las razones por las que han adoptado ese orden. A continuación, tendrán que llegar a un acuerdo para obtener una lista única y elegir un portavoz que leerá la lista a la clase, así como las razones que se han esgrimido en el grupo.

4. Como actividad complementaria, se puede pedir a los alumnos que elaboren listas de cualidades ideales que deben poseer otras personas (madres de familia, profesores, abogados, enfermeras, médicos, etc.) para discutirlas después con los compañeros.

Una equivocación.

ÁREA COMUNICATIVA: Expresar acuerdo y desacuerdo.
OBJETIVOS:
• Utilizar expresiones que demuestren aprobación y desaprobación en distintos contextos.
• Defender con razones plausibles posturas simuladas.
DESTREZAS: Lectura, escritura.
NIVEL: Medio.
DURACIÓN: 40-50 minutos.
SISTEMA DE TRABAJO: Individual.

PREPARACIÓN Y DESARROLLO DE LA ACTIVIDAD:

1. Para esta actividad el profesor podrá utilizar argumentos de películas, o bien inventar situaciones humorísticas que permitan expresar opiniones favorables o desfavorables.

2. En nuestro ejemplo, se trata de la película "El cielo se equivocó". Los alumnos deberán escribir un diálogo entre San Pedro y el protagonista de la película.

3. A continuación, deberán escribir las reacciones de cada una de las personas vinculadas al personaje por razones familia-res o de trabajo, teniendo en cuenta unos datos que se les proporcionan de forma esquemática.

4. Luego, los alumnos tendrán que escribir una solicitud pidiendo que le concedan reencarnarse o no, según el papel que adopten (padre, esposa, hijo o jefe) en relación con el ejercicio anterior.

5. Como actividad complementaria, se puede pedir a los alumnos que, en grupos, preparen posibles diálogos entre todos los personajes para escenificarlos ante la clase.

Zamora.

ÁREA COMUNICATIVA: Descripción de lugares.
OBJETIVO:
• Describir un lugar o paisaje.
DESTREZAS: Lectura, práctica oral y escritura.
NIVEL: Medio.
DURACIÓN: 40-50 minutos.
SISTEMA DE TRABAJO: Individual y en parejas.

PREPARACIÓN Y DESARROLLO DE LA ACTIVIDAD:

1. Se necesita información de regiones o paisajes españoles. (Se pueden obtener fácilmente en las Oficinas de Turismo).

2. El profesor introducirá el tema haciendo referencia a la región en concreto y a su paisaje. También puede preguntar si algún alumno la conoce o la ha visitado.

3. En nuestro ejemplo, se trata de Zamora. En el ejercicio 1, los alumnos habrán de leer un texto y responder a las preguntas.

4. En el ejercicio 2, se les pide que piensen en sus próximas vacaciones y que enumeren las cosas que podrían hacer.

5. Esto les será útil para realizar el ejercicio posterior en el que tendrán que escribir un texto similar al del ejemplo, pero sobre su región.

Un problema de lógica.

ÁREA COMUNICATIVA: Hablar de condiciones reales.
OBJETIVO:
• Practicar condiciones reales en un problema de lógica.
DESTREZAS: Lectura, práctica oral, escritura.
NIVEL: Medio.
DURACIÓN: 30-40 minutos.
SISTEMA DE TRABAJO: Individual y en parejas.

PREPARACIÓN Y DESARROLLO DE LA ACTIVIDAD:

1. Se necesitan problemas de lógica, que pueden traducirse de la propia lengua del alumno.

2. En nuestro ejemplo, es el conocido de "El lobo, la oveja y la hierba". En el primer ejercicio, los alumnos habrán de rellenar los recuadros de los dibujos con los tres nombres. Esto les ayudará a completar el ejercicio 3.

3. Antes de realizar el ejercicio de lectura/escritura, habrán de discutir la solución (ejercicio 2) con el compañero.

4. Como desarrollo de la actividad, se les pide a los alumnos que piensen en algún problema lógico que se dé en su propio contexto cultural y lo intenten explicar en español.

En traje de baño.

ÁREA COMUNICATIVA: Expresar estados de ánimo.
OBJETIVO:
• **Que los alumnos hablen de los estados de ánimo que muestran los personajes que aparecen en los dibujos.**
DESTREZAS: Práctica oral, escritura, lectura.
NIVEL: Medio.
SISTEMA DE TRABAJO: En grupos de 4.
DURACIÓN: 50-60 minutos.

PREPARACIÓN Y DESARROLLO DE LA ACTIVIDAD:

1. Como inicio de la actividad, se podría pedir a los alumnos que explicaran estados de ánimo a través de gestos. Por ejemplo, abrir la boca para expresar asombro, fruncir el ceño para mostrar incredulidad, etc.

2. A continuación, ante unos dibujos como los de nuestro ejemplo, de los que se ha quitado el contenido de los bocadillos, se les pedirá que identifiquen el estado de ánimo de cada personaje. Así, por ejemplo, el del dibujo A está enfadado.

3. Luego, en grupos de 4, deberán rellenar los bocadillos, con lo que habla o piensa cada uno de ellos, según el estado de ánimo que refleje. Siguiendo con el dibujo A, este personaje podría estar diciendo: *" Hay un bañista encendiendo un fuego. Odio la playa, las vacaciones y a los bañistas. Sólo causan problemas ."*

4. Una vez terminada la actividad, se dirá a los alumnos que lean los dibujos al resto de la clase.

5. Como actividad complementaria, se les puede pedir que traigan otros dibujos con los bocadillos ya borrados para intercambiarlos con otros grupos y completarlos.

Consultorio de psicología.

ÁREA COMUNICATIVA: Aconsejar hacer algo.
OBJETIVOS:
• Entrenar al alumno en la deducción de datos.
• Interpretar dichos datos para aportar soluciones.
DESTREZAS: Práctica oral, lectura, escritura.
NIVEL: Medio.
DURACIÓN: 55-60 minutos.
SISTEMA DE TRABAJO: Individual, en grupos de 4.

PREPARACIÓN Y DESARROLLO DE LA ACTIVIDAD:

1. El profesor escribirá en la pizarra los dos títulos correspondientes a las cartas seleccionadas de la página "Consultorio de psicología". A continuación, explicará que en esta sección se reciben cartas de lectores exponiendo sus problemas, a las que el psicólogo responde.

2. Los alumnos tratarán de reconstruir, oralmente, el contenido de dichas cartas, a partir de los datos mínimos que dará el profesor. Por ejemplo: se trata de una mujer/hombre; está casada/o, soltera/o. Puesto que la creatividad es fundamental en esta fase, tanto si el contenido de las consultas propuesto se acerca al de las reales como si no, el ejercicio servirá para proporcionar vocabulario, estructuras e ideas concretas relacionadas con el tema.

3. Una vez que hayan recons-truido las dos consultas, mirarán en la ficha 35 b las cartas de los lectores, cada una con su título, y se les pedirá que lean y comparen su contenido con el propuesto por ellos, anotando las diferencias y semejanzas más significativas.

4. A continuación, en grupos de cuatro, deberán redactar brevemente el consejo o consejos que darían a cada persona si ellos fueran el psicólogo.

5. Cuando todos los grupos hayan terminado, se les pedirá que lean las respuestas, comentando la conveniencia o no de las mismas.

6. Como actividad complementaria, leerán las respuestas que da el psicólogo para que las comparen con las suyas, anotando las ventajas e inconvenientes de cada una.

Jugar en la calle.

ÁREA COMUNICATIVA: Pedir opiniones.
OBJETIVOS:
• **Enseñar a los alumnos a confeccionar cuestionarios.**
• **Enseñar a utilizar dichos cuestionarios para recoger opiniones.**
DESTREZAS: Lectura, escritura, práctica oral.
NIVEL: Medio.
DURACIÓN: 50-60 minutos.
SISTEMA DE TRABAJO: En grupos de 4.

PREPARACIÓN Y DESARROLLO DE LA ACTIVIDAD:

1. Antes de comenzar la actividad, se puede preguntar a los alumnos qué saben de seguridad vial y de los derechos y obligaciones de los peatones.

2. Se explica a los alumnos que, en grupos de 4, deberán leer el texto para extraer la información que consideren más relevante. Se aconseja una primera lectura general para resolver los problemas de vocabulario y entender el contenido. Esa lectura podría hacerla el profesor, siguiendo el texto los alumnos.

3. A continuación, cada grupo deberá preparar un cuestionario con 5 ó 6 preguntas, pidiendo opiniones relacionadas con el tema de que se trata. El tipo de preguntas podría ser: *¿ qué opinión te merece que los niños jueguen en la calle ?, ¿ crees que los niños deben recibir una instrucción básica en seguridad vial ?.*

4. De los cuestionarios confeccionados se extraerán las preguntas que se consideren más oportunas y se elaborará un cuestionario único, que cada grupo deberá cumplimentar por escrito.

5. Finalmente, se pedirá a cada grupo que lean las respuestas que han acordado para contrastarlas con las opiniones de los demás grupos.

Fumar o no fumar.

ÁREA COMUNICATIVA: Expresar opiniones.
OBJETIVOS:
• **Entrenar a los alumnos en la recogida de datos del lenguaje oral.**
• **Seleccionar dichos datos para presentarlos por escrito.**
DESTREZAS: Práctica oral , escritura, lectura.
NIVEL: Medio.
DURACIÓN: 50-60 minutos.
SISTEMA DE TRABAJO: Individual y en grupos de 4.

PREPARACIÓN Y DESARROLLO DE LA ACTIVIDAD:

1. Para empezar esta actividad, el profesor preguntará a los alumnos por las marcas de cigarrillos que conocen y si fuman. Sería aconsejable que comentara los resultados de alguna investigación reciente sobre los perjuicios del tabaco que les proporcione vocabulario. En el caso de que haya fumadores, se deberá aclarar que aquí no se trata de juzgarlos, sino de recoger opiniones.

2. A continuación, se les explica que, para conocer con más detalle la opinión general acerca del tema, deberán entrevistar individualmente a 2 ó 3 compañeros, usando el cuestionario adjunto.

3. Una vez que tengan sus cuestionarios cumplimentados, formarán grupos de 4 y leerán los datos obtenidos por cada uno. Sería conveniente que uno de los miembros actuara de secretario/a y fuera recogiendo, en una lista, los resultados del recuento.

4. Seguidamente, deberán preparar un informe exponiendo la opinión general: daños y perjuicios tanto para fumadores activos como pasivos, influencia de los medios de comunicación, derechos de los fumadores y no fumadores...

5. Mientras los alumnos realizan esta tarea, ayudándose de diccionarios si los necesitan, el profesor puede ir pasando por cada grupo para facilitarles vocabulario y aconsejarlos sobre la redacción.

6. Cuando hayan terminado, pueden leer sus informes al resto de la clase. Tanto si coinciden en sus opiniones como si no, se puede realizar la siguiente actividad complementaria.

7. Se prepararán dos entrevistas: una para los que fuman y otra para los que no fuman. Los fumadores harán la dirigida a los no fumadores y viceversa. Las entrevistas se llevarán a cabo en la clase para que los dos grupos expongan sus puntos de vista.

Textos trastocados.

ÁREA COMUNICATIVA: Dar información para responder preguntas.
OBJETIVOS:
• **Desarrollar una lectura enfocada a ordenar información.**
• **Utilizar dicha información para responder a preguntas específicas.**
DESTREZAS: Lectura, escritura, práctica oral.
NIVEL: Medio.
DURACIÓN: 55-60 minutos.
SISTEMA DE TRABAJO: En parejas.

PREPARACIÓN Y DESARROLLO DE LA ACTIVIDAD:

1. El profesor explicará a los alumnos que los dos artículos de nuestro ejemplo contienen información acerca de productos alimenticios, pero los textos han sido fragmentados y algunas de sus partes cambiadas. En parejas, su primera tarea será la de ordenarlos.

2. Cuando hayan terminado, deberán responder a las preguntas propuestas para cada artículo. El profesor puede ir pasando por la clase, ayudándoles con el vocabulario.

3. A continuación, se corregirá el ejercicio, pidiéndoles que lean los textos y las respuestas. Si lo considera necesario, el profesor podrá mostrar una transparencia de los artículos ya ordenados, subrayando las partes donde aparece la información que se pide.

4. Como actividad complementaria, se podrían repartir varios artículos, con una extensión de 3 ó 4 párrafos, para que los pusieran en orden, explicando los criterios utilizados. Esto ayudaría a entender la cohesión y coherencia de un texto.

La mariposa.

ÁREA COMUNICATIVA: Descripción de animales y plantas.
OBJETIVOS:
• **Capacitar a los alumnos para extraer la información más relevante de un texto.**
• **Formular dicha información en notas.**
DESTREZAS: Lectura, escritura y práctica oral.
NIVEL: Medio.
DURACIÓN: 50-60 minutos.
SISTEMA DE TRABAJO: En grupos de 4.

PREPARACIÓN Y DESARROLLO DE LA ACTIVIDAD:

1. Para esta actividad, el profesor puede seleccionar folletos o cualquier otro material que contenga información detallada, así como fotos, sobre flora y fauna. Necesitará tantos textos como grupos de 4 alumnos se puedan formar.

2. En la clase, presentará el material a los alumnos y les pedirá que elijan el animal o planta que les resulte más atractivo. Luego, cada grupo consultará la ficha descriptiva que proponemos en nuestro ejemplo. Su primera tarea consistirá en leer la información correspondiente al animal o planta seleccionado para, a continuación, extraer los datos más relevantes.

3. Cuando todos los grupos hayan terminado, explicará que en la ficha de la "mariposa monarca", la información que se da sobre la misma está redactada en forma de notas. Su tarea consistirá, por lo tanto, en redactar una ficha similar, con los datos extraídos anteriormente, para la planta o animal elegido.

4. Una vez que hayan concluido, les pedirá que expongan sus fichas en las paredes de la clase para que todos puedan ver el trabajo de sus compañeros e intercambiar impresiones sobre el mismo.

5. Como complemento de esta actividad, se les podría pedir que elijan una ficha de otro grupo y redacten, a partir de las notas dadas, un pequeño texto descriptivo, que se volvería a exponer en las paredes de la clase.

NOTA. No estimamos conveniente añadir texto modelo porque se trata de alumnos de nivel medio.

Situaciones incómodas.

ÁREA COMUNICATIVA: Dar y pedir disculpas.
OBJETIVO:
•**Practicar diálogos referidos a situaciones en las que una persona se ve obligada a dar excusas o explicaciones.**
DESTREZAS: Escritura y práctica oral.
NIVEL: Medio.
DURACIÓN: 40-50 minutos.
SISTEMA DE TRABAJO: En parejas.

PREPARACIÓN Y DESARROLLO DE LA ACTIVIDAD:

1. El profesor inventará situaciones en las que una persona se ve moralmente obligada a dar algún tipo de explicación o excusa.

2. Para esta actividad, el profesor podrá elegir entre los ejemplos que proponemos o utilizar los que él mismo prepare. Con el fin de que haya variedad en la clase, repartirá tantas fichas diferentes como crea oportuno.

3. Los alumnos prepararán el diálogo en parejas y lo escenificarán ante la clase.

4. Como complemento de esta actividad, el profesor elegirá las situaciones más interesantes, tanto desde el punto de vista del contenido como de la forma lingüística utilizada, para comentarlas en detalle con los alumnos.

Respuestas lógicas.

ÁREA COMUNICATIVA: Dar respuestas a preguntas formuladas por escrito.
OBJETIVOS:
• Descubrir la relación lógica entre preguntas y respuestas.
• Atraer la atención de los alumnos hacia los aspectos pragmáticos de la lengua.
DESTREZAS: Lectura, escritura y práctica oral.
NIVEL: Medio.
DURACIÓN: 30-40 minutos.
SISTEMA DE TRABAJO: Individual y en parejas.

PREPARACIÓN Y DESARROLLO DE LA ACTIVIDAD:

1. Se necesita material bibliográfico sobre adivinanzas, problemas de ingenio, definiciones jocosas, etc. Recomendamos el libro <u>Acertijero popular español</u>, de José Luís Gárfer y Concha Fernández, publicado por la Fundación Banco Exterior (Colección Investigación), Madrid, 1989.

2. En nuestro modelo, hemos seleccionado una serie de preguntas cuyas respuestas son fáciles de deducir, después de que los alumnos vean los ejemplos de la ficha.

3. Los alumnos, en parejas, tendrán que buscar la solución, que expondrán a los demás compañeros explicando el porqué de cada respuesta.

4. A continuación, podrán intervenir individualmente argumentando en contra de las respuestas que no consideren satisfactorias.

5. Como actividad complementaria, se les puede pedir que aporten ejemplos de su propio contexto cultural, traduciéndolos al español.

SOLUCIONES (al ejercicio 1):
a. La toalla
b. Despierto
c. Todos, pues ninguno se lo quita.
d. En la tierra. En el mar sólo hay peces.
e. No, porque está vivo.
f. Que esté dentro.
g. Poner el otro.
h. Cuando está helada.
i. En ninguna, porque es eléctrico y no echa humo.
j. La cerilla.

Oferta de empleo.

ÁREA COMUNICATIVA: Hablar de requisitos o exigencias.
OBJETIVOS:
• Expresar requisitos en anuncios de periódicos.
• Saber expresar y responder en situaciones en que se solicitan requisitos o exigencias.
DESTREZAS: Lectura, escritura y práctica oral.
NIVEL: Medio/Superior.
DURACIÓN: 50-60 minutos.
SISTEMA DE TRABAJO: Individual y en parejas.

PREPARACIÓN Y DESARROLLO DE LA ACTIVIDAD:

1. Se necesitan anuncios de periódicos en los que se hagan ofertas de trabajo.

2. El profesor introducirá la actividad hablando del tipo de lenguaje que se utiliza en los anuncios en los que se ofrece un trabajo: condiciones, remuneración, etc.

3. A continuación, los alumnos habrán de leer los anuncios propuestos y elaborar un cuestionario para que lo puedan utilizar en la entrevista que tienen que realizar después.

4. También tendrán que redactar un anuncio expresando los requisitos y lo que ofrecen, para ser publicado en un periódico español.

La palabra como pretexto.

ÁREA COMUNICATIVA: Identificar las partes del cuerpo como excusa para incrementar el conocimiento de la lengua.
OBJETIVOS:
• Identificar las partes del cuerpo.
• Utilizarlas como base para aprender expresiones idiomáticas corrientes.
DESTREZAS: Lectura, práctica oral, escritura.
NIVEL: Medio/Superior.
DURACIÓN: 50-60 minutos.
SISTEMA DE TRABAJO: En grupos de 4.

PREPARACIÓN Y DESARROLLO DE LA ACTIVIDAD:

1. Para esta actividad, el profesor deberá facilitar a los alumnos diccionarios*, libros o cualquier otro material en el que puedan encontrar expresiones idiomáticas que contengan palabras con las que se designan las partes del cuerpo.

2. El ejercicio consiste en dar, primeramente, los nombres de las partes señaladas con flechas y, en segundo lugar, buscar tres expresiones que contengan cada una de las palabras marcadas con una letra. La selección de expresiones se hará de acuerdo con la utilidad que el alumno considere que éstas

puedan tener.

3. Cuando todos hayan terminado, leerán, por grupos, los resultados de la búsqueda, explicando sólo aquellas expresiones que no coincidan, o las que así soliciten los otros grupos.

4. Como actividad complementaria, se les puede decir que inventen un texto, por grupos, en que aparezca una de las expresiones seleccionadas para leer en clase.

NOTA.- A título ilustrativo, incluimos una lista de expresiones idiomáticas y algunos ejemplos de cómo pueden utilizarse en un contexto real.

Lista de expresiones idiomáticas.

a. Cabeza; **levantar cabeza**: salir de la mala situación en que uno se halla.

Ej: *Comprendo que con el sueldo que gana actualmente, y con la familia que tiene, no levante cabeza.*

b. Ojo; **Costar un ojo de la cara**: salir algo muy caro en dinero u otra cosa.

Ej: *Comprar un chalet en las afueras de la ciudad cuesta un ojo de la cara.*

c. Nariz; **Por narices**: a la fuerza.

Ej: *Si quiero ir a Inglaterra de vacaciones tengo que aprobar todas las asignaturas por narices.*

d. Boca; **A pedir de boca**: todo lo bien que cabe desear.

Ej: *El profesor nos hizo preguntas tan fáciles, que el examen nos salió a pedir de boca.*

e. Oreja; **Estar con la mosca detrás de la oreja**: experimentar cierto recelo o sospecha por algo.

Ej: *La policía estaba con la mosca detrás de la oreja después de observar en la zona un movimiento inusual de personas y vehículos.*

f. Mano; **Abrir la mano**: aflojar el grado de exigencia para acceder o aspirar a la obtención de algo.

Ej: *Cabe esperar que, como el profesor de química orgánica se jubila este año, éste abra la mano en los exámenes de junio, aunque yo prefiero no fiarme.*

g. Dedos; **Poner el dedo en la llaga**: acertar y señalar el verdadero origen de un mal, el punto difícil de una cuestión, o lo que más afecta a una persona.

Ej: *El ministro admitió que el portavoz de la oposición había puesto el dedo en la llaga al criticar los aspectos sociales de los presupuestos generales del Estado.*

h. Pie; **Estar hecho con los pies**: estar mal hecho, defectuosamente fabricado.

Ej: *No es extraño que no ajusten los cajones de este mueble; se nota que están hechos con los pies.*

(*)Recomendamos el Diccionario Planeta de la lengua española usual, Ed. Planeta, Barcelona, 1982, el Diccionario de uso del español, María Moliner, Ed. Gredos, Madrid, 1984, y El español idiomático. Frases y modismos del español, de Pablo Domínguez y otros, ARIEL S.A., Barcelona, 1988.

La prensa.

ÁREA COMUNICATIVA: Interpretar el lenguaje periodístico.
OBJETIVOS:
• **Relacionar titulares con sus noticias respectivas.**
• **Dada una noticia, escribir su titular correspondiente.**
DESTREZAS: Lectura, práctica oral y escritura.
NIVEL: Medio/Superior.
DURACIÓN: 50-60 minutos.
SISTEMA DE TRABAJO: En parejas, individual y en grupos.

PREPARACIÓN Y DESARROLLO DE LA ACTIVIDAD:

1. Se necesitan titulares y noticias (algunas de contenido similar) de periódicos o revistas españoles.

2. El profesor introducirá la actividad refiriéndose a las características de los titulares: suelen resumir el contenido de la noticia, son atractivos para el lector, etc.

3. En el ejercicio 1, los alumnos intentarán averiguar lo que expresan las noticias a través de los titulares, discutiéndolas con sus compañeros.

4. A continuación deberán leer las noticias y buscarles el titular que les corresponde.

5. Luego elaborarán titulares para los textos que sobran.

6. Finalmente, en grupos, elegirán el titular más atractivo y explicarán el motivo de su elección.

Un pinchazo.

ÁREA COMUNICATIVA: Narrar y describir acciones consecutivas.
OBJETIVOS:
• Comprender y usar expresiones relacionadas con las distintas partes del automóvil.
• Practicar dichas expresiones en un contexto específico.
DESTREZAS: Lectura, escritura y práctica oral.
NIVEL: Medio/Superior.
DURACIÓN : 50-60 minutos.
SISTEMA DE TRABAJO: Individual y en parejas.

PREPARACIÓN Y DESARROLLO DE LA ACTIVIDAD:

1. Sería conveniente disponer de dibujos o fotografías de automóviles y de las herramientas que se utilizan normalmente para su reparación.

2. El profesor introducirá la actividad refiriéndose a los tipos de averías más comunes y explicará el vocabulario utilizado en cada caso, haciendo hincapié en el que se refiere a esta avería concreta. (Nombres: cubierta, gato, tapacubos, tuercas, rueda de repuesto, maletero, etc.; verbos: abrir, frenar, aflojar, apretar, girar, inflar, desmontar, etc.)

3. A continuación pedirá a los alumnos que, individualmente, hagan los ejercicios 1 y 2 siguiendo las instrucciones que tienen en su ficha.

4. En parejas, los alumnos deberán escribir unas líneas indicando cómo se cambia una rueda y leer luego estas instrucciones al resto de la clase para discutirlas y completarlas entre todos.

5. Como actividad complementaria, se puede pedir que los alumnos preparen, en parejas o en grupos de 3, las instrucciones que hay que seguir para cambiar la correa del ventilador o cualquier otra pieza del coche.

Buscando ayuda.

ÁREA COMUNICATIVA: Expresar una preocupación.
OBJETIVOS:
• Fomentar un tipo de lectura encaminada al debate, análisis y discusión.
• Capacitar al alumno en la deducción de los hechos que motivan una conducta determinada.
DESTREZAS: Lectura, escritura, práctica oral.
NIVEL: Medio/Superior.
DURACIÓN: 50-60 minutos.
SISTEMA DE TRABAJO: Individual y en parejas.

PREPARACIÓN Y DESARROLLO DE LA ACTIVIDAD:

1. El profesor explicará que en algunas revistas se incluye una sección en la que se publican cartas de los lectores. Estas cartas son de diferentes tipos -consultas médicas, psicológicas...- y aparecen con la respuesta de un experto en la materia.

2. A continuación, verá con los alumnos la respuesta de un psicólogo a un problema concreto. Los alumnos deberán, en primer lugar, leer detenidamente dicha respuesta para, posteriormente y en parejas, tratar de reconstruir la consulta que originó esta respuesta.

3. Cuando todas las parejas hayan terminado, se les pedirá que lean sus cartas y se les invitará a discutir si se ajustan o no a la respuesta del psicólogo.

4. Como actividad complementaria, cotejan sus cartas con la carta original -pag. 71 libro del alumno- y se les invita a criticar la respuesta del psicólogo, comparándola con la que ellos hubieran dado en las mismas circunstancias.

El secador de pelo.

ÁREA COMUNICATIVA: Dar instrucciones.
OBJETIVOS:
• Relacionar palabras con los objetos correspondientes.
• Ayudar al alumno a describir acciones en un contexto específico valiéndose de información visual.
DESTREZAS: Práctica oral, escritura y lectura.
NIVEL: Medio/Superior.
SISTEMA DE TRABAJO: Individual y en parejas.
DURACIÓN: 40-50 minutos.

PREPARACIÓN Y DESARROLLO DE LA ACTIVIDAD:

1. Para esta actividad se necesitan instrucciones acerca del manejo de aparatos de uso doméstico.

2. El profesor introducirá la actividad indicando que la mayoría de estos aparatos vienen acompañados de un prospecto que ayuda al usuario a entender su funcionamiento y manejo.

3. En nuestro ejemplo, se trata de un secador de pelo con dibujos e instrucciones visuales para su uso y cuidado.

4. Con ayuda de la lista de palabras que se les proporciona, los alumnos tendrán que identificar los distintos elementos y partes de que se compone cada dibujo, explicando también para qué sirven.

5. A continuación, en parejas, deberán redactar unas líneas dando instrucciones para:

a. poner en funcionamiento el aparato,
b. colocar los accesorios y
c. guardar el aparato.

6. Finalmente, habrán de completar el texto mutilado con las palabras apropiadas.

Consultorio astrológico.

ÁREA COMUNICATIVA: Relacionar información.
OBJETIVOS:
• Relacionar las cartas y respuestas que aparecen en el consultorio
de una revista o similar.
• Dar información en forma de carta.
DESTREZAS: Lectura y escritura.
NIVEL: Medio/Superior.
DURACIÓN: 30-40 minutos.
SISTEMA DE TRABAJO: Individual.

PREPARACIÓN Y DESARROLLO DE LA ACTIVIDAD:

1. Se necesitan cartas y respuestas de consultorios astrológicos de revistas del corazón. Se pueden adaptar, según el nivel de los alumnos.

2. El profesor introduce la actividad refiriéndose a la costumbre que tiene mucha gente de escribir a los consultorios astrológicos para plantear problemas o conocer su futuro. Puede preguntar a los alumnos si lo han hecho alguna vez y qué les han contestado.

3. En nuestro ejemplo, se trata de tres cartas y tres respuestas no ordenadas. Los alumnos las deben leer, y luego relacionar la carta con la respuesta correspondiente.

4. En el ejercicio 2, se les da una carta para que elaboren una respuesta con unos datos mínimos que les guíen.

5. En el ejercicio 3, escribirán una carta personal sobre algún problema particular a un consultorio astrológico imaginario.

El parte meteorológico.

ÁREA COMUNICATIVA: Hablar del tiempo atmosférico.
OBJETIVOS:
•Entender las descripciones del tiempo atmosférico en lenguaje periodístico.
•Saber interpretar correctamente un mapa meteorológico.
DESTREZAS: Lectura y escritura.
NIVEL: Medio/Superior.
DURACIÓN: 40-50 minutos.
SISTEMA DE TRABAJO: Individual.

PREPARACIÓN Y DESARROLLO DE LA ACTIVIDAD:

1. Para esta actividad se necesitan descripciones y mapas del tiempo que aparecen en la prensa diaria.

2. El profesor introducirá el tema hablando del interés que muestra el público en general en conocer el tiempo atmosférico.

3. Los alumnos habrán de leer una descripción del tiempo en España y comprobar que los símbolos del mapa se corres-

ponden con el texto escrito.

4. A continuación, con otro mapa, tendrán que redactar una información sobre el tiempo, con la ayuda de los símbolos que se aportan.

5. Finalmente, recortarán un mapa del tiempo de un periódico de su país y lo interpretarán oralmente, como si fueran el hombre/mujer del tiempo de la televisión.

Tantanes.

ÁREA COMUNICATIVA: Expresar consecuencias.
OBJETIVOS:
• **Utilizar fórmulas intensificadoras (tan+adj.; tanto/a+sust.) en oraciones consecutivas.**
• **Estimular la imaginación y el sentido del humor de los alumnos en el uso de la lengua.**
DESTREZAS: Lectura, escritura y práctica oral.
NIVEL: Medio/Superior.
DURACIÓN: 40-50 minutos.
SISTEMA DE TRABAJO: Individual y en parejas.

PREPARACIÓN Y DESARROLLO DE LA ACTIVIDAD:

1. Se necesitan ejemplos propios o tomados de algún libro (véase actividad nº41) que contengan expresiones como las siguientes: *"Era un hombre tan bajo, tan bajo, tan bajo, que el dedo gordo del pie le servía de visera"; " Era un hombre tan alcoholizado, tan alcoholizado, que cuando lo picaban los mosquitos se morían de cirrosis hepática" ; "Era un frigorífico tan pequeño, tan pequeño, tan pequeño, que sólo podía tener dentro la leche condensada",* etc.

2. En el primer ejercicio, los alumnos tendrán que relacionar las expresiones de la columna A con las de la columna B para formar el "tantán" correcto.

3. En parejas, los alumnos tendrán que inventar luego expresiones jocosas para completar el "tantán" que se les propone.

4. Como actividad complementaria, el profesor puede dar sus soluciones a los alumnos y compararlas con las que ellos han preparado.

SOLUCIONES

Ejercicio 1 :
A1-B2/A2-B9/A3-B5/A4-B7/A5-B10/A6-B8/
A7-B4/A8-B3/A9-B6/A10-B1/

Ejercicio 2:
a. ...*que el pelo se lo cortaban con cosecha-dora. Que cogió una insolación y se acabó el verano. Que tenía dos piojos y no se conocían.*

b ...*que en vez de viajar en metro viajaba en milímetro. Que sólo se veía al microscopio. Que no le cabía la menor idea.*

c ...*que cuando se agachaba para coger una manzana del suelo, ésta ya estaba podrida. Que pasó una gitana por su lado, se quedó mirándola y exclamó: ¡osú mi arma!, mañana te terminaré de ver.*

d ...*que sólo comía cacahuetes.*

e ...*que se sentaba en un botón y se colaba por los agujeros.*

f ...*que no se paseaba al sol para no hacer ni sombra.*

g ...*que cuando la madre regresó al comedor, tras calentar la sopa, sus hijos ya habían hecho la mili.*

h ...*que cada vez que se despertaba la familia, no se encontraba.*

i ...*que el sacerdote en vez de decir "de rodillas", decía "cuerpo a tierra".*

j ...*que vendió el coche para comprar la gasolina.Que vendió la casa para comprar las ventanas.*

Don Quijote y Sancho.

ÁREA COMUNICATIVA: Reconocer en un texto palabras y expresiones anacrónicas.
OBJETIVOS:
• Distinguir en un texto literario lo que estilísticamente no resulta adecuado.
• Utilizar un texto literario para fomentar una discusión.
DESTREZAS: Lectura, práctica oral, escritura.
NIVEL: Medio/Superior.
DURACIÓN: 50-60 minutos.
SISTEMA DE TRABAJO: Individual y en parejas.

PREPARACIÓN Y DESARROLLO DE LA ACTIVIDAD:

1. Para iniciar esta actividad, y como elemento motivador, se puede partir de un pasatiempo (como en nuestro ejemplo) en el que hay que formar el nombre de un escritor famoso.

2. A continuación, el profesor hará preguntas acerca de la vida y obra de este autor y explicará los detalles que considere necesarios para que los alumnos puedan realizar la siguiente tarea.

3. Ahora, los alumnos deberán leer el texto que tienen en su ficha y, en parejas, tendrán que explicar por qué algunas palabras y expresiones son anacrónicas.

4. Como actividad complementaria, el profesor podrá pedirles que escriban un diálogo en el que dos personajes históricos de su elección actúen como si vivieran en la época actual.

Juegos de palabras.

ÁREA COMUNICATIVA: Definir conceptos.
OBJETIVOS:
• Utilizar los recursos de la lengua para conseguir efectos humorísticos.
• Estimular la creatividad lingüística.
• Manejar el diccionario como instrumento útil en el aprendizaje de una lengua.
DESTREZAS: Lectura y escritura.
NIVEL: Medio/Superior.
DURACIÓN: 40-50 minutos.
SISTEMA DE TRABAJO: En parejas.

PREPARACIÓN Y DESARROLLO DE LA ACTIVIDAD:

1. Para esta actividad el profesor necesita palabras, inventadas por él o ajenas, en las que se ha modificado alguna letra, lo que da lugar a una interpretación jocosa de su significado. Recomendamos el <u>Diccionario de Coll,</u> Editorial Planeta, Barcelona,1975, del cual hemos tomado todos los ejemplos.

2. El profesor presentará la actividad explicando que un ligero cambio formal en la palabra permite dar una definición divertida de la misma.

Ejemplos: "administraidor =

aplícase al que maneja los bienes de un señor o entidad, quedándose con una buena parte de ellos."; "demoño = diablo, espíritu del mal, con el pelo recogido en la parte posterior de la cabeza".

3. En el ejercicio 1, los alumnos tendrán que relacionar las palabras con su definición correspondiente.

4. A continuación, deberán corregir las palabras propuestas y dar su verdadera definición, con ayuda de un diccionario.

5. En el último ejercicio, se les propone una serie de palabras para que busquen una definición divertida.

6. Como actividad complementaria, los alumnos podrán inventar sus propias palabras y definiciones para presentarlas al resto de la clase, ya sea dando la palabra para que propongan una definición, o al revés.

SOLUCIONES (al ejercicio 3)

1. liciencia = permiso para hacer algo científicamente.
2. barberidad = crueldad del barbero que afeita sin afilar la hoja.
3. feografía = ciencia que trata de la descripción de la tierra, en su parte menos bella.
4. misionegro = eclesiástico que predica la religión cristiana en tierra de negros.
5. módico = doctor que cobra poco por sus consultas para llamar la atención.
6. monorquía = forma de gobierno en la que el poder reside en un mono.
7. identifricar = conocer, distinguir al entrar en el cuarto de baño, cuál es el cepillo de dientes del marido y cuál es el otro.
8. oftalmóloco = oculista de enfermos mentales.
9. peluquiero = voz que expresa la desesperación del calvo.
10. repolución = cambio violento en las instituciones políticas de un país, al hacerse la atmósfera irrespirable.

Malentendidos.

ÁREA COMUNICATIVA: Expresar conclusiones lógicas (deducción).
OBJETIVOS:
• Utilizar diálogos en los que, por razones de ambigüedad u otros motivos, se produce una situación humorística.
• Hacer que los alumnos se fijen en los aspectos pragmáticos de la lengua.
• Contribuir a que el aprendizaje resulte más ameno.
DESTREZAS: Lectura y práctica oral.
NIVEL: Medio/Superior.
DURACIÓN: 25-30 minutos.
SISTEMA DE TRABAJO: En parejas.

PREPARACIÓN Y DESARROLLO DE LA ACTIVIDAD:

1. Para esta actividad es necesario disponer de chistes que respondan a las características señaladas, es decir, que los diálogos entre los personajes puedan resultar equívocos.

2. El profesor pondrá un ejemplo y explicará a la clase en qué radica el chiste en cuestión, cuáles son los elementos lingüísticos o extralingüísticos que lo provocan. Luego, los alumnos deberán hacer lo mismo con los chistes que figuran en su ficha.

3. Como actividad complementaria, los alumnos que conozcan chistes parecidos podrán contarlos a sus compañeros, siendo el profesor el que decida quiénes de entre ellos deberán dar la explicación requerida.

El impuesto sobre la renta.

ÁREA COMUNICATIVA: Buscar información para dar respuestas específicas.
OBJETIVO:
• **Buscar información en el contexto de la lengua que se utiliza para tratar de cuestiones fiscales.**
DESTREZAS: Lectura y escritura
NIVEL: Superior
DURACIÓN: 50-60 minutos.
SISTEMA DE TRABAJO: Individual.

PREPARACIÓN Y DESARROLLO DE LA ACTIVIDAD:

1. Para esta actividad se necesitan textos informativos sobre el sistema fiscal español. Éstos se pueden obtener de periódicos y revistas, que suelen incluir consultorios fiscales para sus lectores.

2. El profesor introduce la actividad refiriéndose a la costumbre de muchas personas de escribir a los consultorios fiscales y plantear las dudas que tienen. También recordará que se requiere un lenguaje específico, que es el que se va a practicar.

3. El profesor lee con los alumnos el texto del ejercicio 1 y les aclara el vocabulario menos corriente, así como los términos más específicos del lenguaje fiscal.

4. A continuación, los alumnos habrán de contestar a una serie de preguntas que han de resolver con el texto inicial. La última pregunta está sacada de un consultorio fiscal de una revista. Se soluciona con el texto del ejercicio 1.

5. Como desarrollo de la actividad se les puede dar a los alumnos una respuesta publicada en la sección de dudas fiscales de un periódico o revista para que intenten adivinar el problema planteado por el hipotético lector.

Un contrato privado.

ÁREA COMUNICATIVA: Expresar condiciones que obligan formalmente.
OBJETIVOS:
• **Entrenar a los alumnos en la redacción de documentos privados.**
• **Practicar el lenguaje formulario.**
DESTREZAS: Lectura, escritura.
DURACIÓN: 50-60 minutos.
NIVEL: Superior.
SISTEMA DE TRABAJO: Individual y en parejas.

PREPARACIÓN Y DESARROLLO DE LA ACTIVIDAD:

1. El profesor explicará en primer lugar que, aunque sea privado, un convenio de esta naturaleza obliga formalmente a los firmantes; según el Código Civil español, tiene el mismo valor que la escritura pública ante Notario. Por esta razón, es preciso cuidar bien la redacción de los pactos para evitar posibles impugnaciones.

2. A continuación, siguiendo los modelos que proponemos, explicará a los alumnos las palabras y expresiones que puedan ofrecer alguna dificultad.

3. Luego les pedirá que traten de imaginar situaciones en las que uno de ellos vende algo que el otro quiere comprar (una casa, un terreno, un coche de segunda mano, etc.), para lo cual deben pactar unas condiciones.

4. Adaptando el modelo propuesto a sus circunstancias particulares, tendrán que redactar un contrato privado en el que figuren las cláusulas que han acordado establecer.

5. Como complemento de la actividad, deberán escribir en lenguaje corriente el contenido de su contrato. El profesor podrá después elegir algunos alumnos para que lo lean al resto de la clase.

Cuestión de opiniones.

ÁREA COMUNICATIVA: Expresar puntos de vista.
OBJETIVOS:
• Preparar al alumno para que formule una opinión a partir de una noticia.
• Confrontar diversas opiniones, aceptando o rechazando la validez de las mismas.
DESTREZAS: Lectura, práctica oral, escritura.
NIVEL: Superior.
DURACIÓN: 50-60 minutos.
SISTEMA DE TRABAJO: En grupos de 4.

PREPARACIÓN Y DESARROLLO DE LA ACTIVIDAD:

1. Para esta actividad, el profesor deberá seleccionar un artículo periodístico que contenga una foto, o un dibujo, como en el ejemplo que proponemos. Igualmente, preparará una transparencia del dibujo y del titular de la noticia.

2. En la clase, mostrará la transparencia a los alumnos y les pedirá que traten de adivinar cuál podría ser el contenido de la noticia que se va a tratar, a partir de la foto y el titular.

3. A continuación, les facilitará el texto y les explicará que, como indica el titular, la noticia versa sobre las obligaciones contraídas por los padres acerca de la administración de los bienes del menor, así como los casos en que dichas obligaciones no tienen lugar. La tarea será, primeramente, leer el artículo y luego, en grupos de 4, debatir uno de los temas siguientes:
a) Actitud de los padres ante esta nueva medida.

b) Actitud de los hijos ante esa nueva medida.
c) Problemas familiares que podría acarrear esta disposición legal.
d) Conveniencia de la adecuación de esta medida a la mentalidad del lugar en que se implanta.

4. Sería conveniente que el profesor asignara un tema por grupo, en lugar de dejarlo a la libre elección de los alumnos, para que haya variedad de opiniones.

5. Cuando todos los grupos hayan terminado, el profesor pedirá que informen al resto de la clase de las opiniones y puntos de vista sobre cada tema concreto.

6. Como complemento de esta actividad, se les podría pedir que leyeran nuevamente la noticia para, esta vez, redactar uno o dos párrafos expresando su opinión general sobre el tema, en lugar de un aspecto concreto.

Versiones distintas.

ÁREA COMUNICATIVA: Diferenciar distintas formas de narrar hechos.
OBJETIVOS:
• **Comprender distintas maneras de narrar un hecho periodístico.**
• **Narrar hechos en forma de noticia.**
DESTREZAS: Lectura y escritura.
NIVEL: Superior.
DURACIÓN: 50-60 minutos.
SISTEMA DE TRABAJO: Individual y en parejas.

PREPARACIÓN Y DESARROLLO DE LA ACTIVIDAD:

1. Se necesitan pares de noticias iguales pero de diferentes periódicos.

2. El profesor introduce la actividad indicando que, en numerosas ocasiones, la misma noticia es tratada de diferente forma, dependiendo del medio y del periodista que ha escrito la información.

3. Con dos versiones, los alumnos habrán de distinguir entre un texto y otro, fijándose principalmente en el uso de los verbos y en cómo éstos actúan sobre el contenido del hecho noticiable.

4. En el siguiente ejercicio habrán de discutir en parejas cuál de los textos contiene más datos.

5. En el último ejercicio, se les da solamente los textos para que averigüen la cantidad de información adicional que aporta el texto más largo.

6. Como desarrollo, se les puede pedir que compongan una nueva noticia utilizando los dos textos.

El cojo.

ÁREA COMUNICATIVA: Descripción de personas.
OBJETIVOS:
• Seleccionar y completar descripciones de personas a través de la lectura de varios textos.
• Distinguir cambios de significado a partir de alteraciones mínimas hechas en un texto.
DESTREZAS: Lectura, escritura.
NIVEL: Superior.
DURACIÓN: 50-60 minutos.
SISTEMA DE TRABAJO: Individual y en parejas.

PREPARACIÓN Y DESARROLLO DE LA ACTIVIDAD:

1. Se necesitan textos, preferiblemente literarios, en los que se describan personajes y acciones, debiendo el profesor explicar el vocabulario menos corriente.También recordará a los alumnos que no se requieren grandes alteraciones en la lengua para producir cambios en el significado.

2. En el primer ejemplo que incluimos, se trata de un texto de Goytisolo. El texto está repetido, aunque el orden de los párrafos no es el mismo y algunas palabras han sido sustituidas por otras. Esto da como resulta-do que dispongamos de una mayor información sobre el personaje, cosa que los alumnos, en parejas, tendrán que averiguar y explicar.

3. Nuestro segundo modelo, también de Goytisolo, es un texto repetido. Las modificaciones esta vez son mínimas, pero dan lugar a un cambio sustancial respecto a quién posee algo y quién ejecuta algo. También en parejas, los alumnos deberán explicar dónde se produce la alteración del texto para que surtan esos efectos.

Corresponsal de guerra.

ÁREA COMUNICATIVA: Transferir información.
OBJETIVOS:
• **Narrar hechos a partir de una información obtenida a través de textos y mapa.**
• **Aprovechar una información escrita para utilizarla de forma oral.**
DESTREZAS: Lectura, escritura y práctica oral.
NIVEL: Superior.
DURACIÓN: 50 -60 minutos.
SISTEMA DE TRABAJO: Individual.

PREPARACIÓN Y DESARROLLO DE LA ACTIVIDAD:

1. Se necesita información esquemática, que puede estar apoyada por mapas, diagramas, etc. Ésta se puede obtener en periódicos y revistas especializadas.

2. El profesor introducirá la actividad hablando del tema elegido y diciendo a los alumnos que con un mapa o diagrama y escaso texto tienen que elaborar un material en forma de relato periodístico para ser utilizado en la prensa y la radio.

3. En nuestro ejemplo, se trata de un mapa sobre el teatro de operaciones militares en el sur de España.

4. Con la información, los alumnos tendrán que escribir un artículo describiendo la situación.

5. Luego, con la información existente, han de imaginarse que ha estallado una guerra y deben contar por la radio cómo se están desarrollando los hechos. Primero deben escribir el texto y luego preparar una grabación en casete para que practiquen esta forma de expresión oral.

6. Tras escuchar los textos en clase, el profesor eligirá al mejor periodista radiofónico del grupo, valorando el contenido y la forma de transmitirlo.

Un debate público.

ÁREA COMUNICATIVA: Dar razones a favor y en contra.
OBJETIVOS:
• Argumentar por escrito a favor o en contra de una decisión que se ha tomado.
• Promover la discusión en torno a temas de interés general.
DESTREZAS: Lectura, escritura y práctica oral.
NIVEL: Superior.
DURACIÓN: 50-60 minutos.
SISTEMA DE TRABAJO: Individual y en grupos.

PREPARACIÓN Y DESAROLLO DE LA ACTIVIDAD:

1. Para esta actividad se necesitan noticias, declaraciones públicas, bandos,etc., que por su contenido puedan ser objeto de polémica.

2. El profesor presentará la actividad explicando la importancia que tiene la participación del ciudadano en la resolución de los problemas que la vida diaria plantea en la sociedad moderna. En nuestro ejemplo, se trata de un bando municipal que prohíbe a determinados establecimientos permanecer abiertos después de las diez de la noche.

3. Después de leer el bando, los alumnos manifestarán por escrito su opinión, a favor o en contra, ya sea como simples ciudadanos o como empresarios del sector.

4. A continuación, se reunirán en grupos según la postura que hayan adoptado al respecto, y escenificarán un debate en el que habrá un moderador, un grupo representante del Ayuntamiento, otro de ciudadanos a favor, otro de ciudadanos en contra y otro de empresarios.

5. Como actividad complementaria, los alumnos podrán organizar debates similares acerca de asuntos relacionados con la política local, nacional o internacional, tras haberse documentado sobre el tema elegido.